CE2
cycle 3

4 œ[illegible] s

CW00815828

Les fées
de Charles Perrault

Une affaire de lunettes
de Catherine Ternaux

Jojo et Paco jouent la samba
B. D.

d'Isabelle Wilsdorf

Théâtre pour rire
THÉÂTRE

Le petit malade
de Georges Courteline

L'appendicite
de Cami

À l'hôpital
de François Fontaine

Histoire naturelle des maux
de Claudio Ponté

Notes de **Pascal Dupont**
Formateur IUFM Midi-Pyrénées

HACHETTE
Éducation

Édition : Valérie Dumur
Fabrication : Patricia Coulaud
Illustrations : Stefany Devaux, Serge Ceccarelli, Isabelle Wilsdorf, Henry Dufranne
Création de la couverture : Laurent Carré, Alain Boyer
Réalisation de la couverture : François Hacker
Maquette intérieure : Laurent Carré, Michaël Funck
Réalisation : Créapass, Paris
Relecture : Chantal Maury
Photogravure : Nord Compo

Pour Hachette Éducation, le principe est d'utiliser des papiers composés de fibres naturelles, renouvelables, recyclables, fabriquées à partir de bois issus de forêts qui adoptent un système d'aménagement durable.
En outre, Hachette Éducation attend de ses fournisseurs de papier qu'ils s'inscrivent dans une démarche de certification environnementale reconnue.

ISBN : 978-2-01-116504-6

43 quai de Grenelle 75905 Paris cedex 15
www.hachette-education.com

AVANT-PROPOS

De la littérature, pour quoi faire ?

Les apprentissages fondamentaux : parler, lire, écrire ne sauraient se résumer à des savoir-faire décontextualisés et vides de sens. Ouvrir aux enfants la porte de la littérature, c'est les introduire dans des univers imaginaires, leur permettre de répondre à des questions existentielles à travers des œuvres de fiction, susciter leur curiosité et leur appétit d'apprendre.
À partir de ces références littéraires, les enfants se constitueront une première culture qui entrera en résonance avec les expériences et les lectures à venir.

Quelles œuvres choisir ?

Le bibliobus Hachette propose aux jeunes lecteurs des œuvres intégrales classiques et contemporaines propres à nourrir leur réflexion, à faire naître des interrogations, et qui sont adaptées à leur connaissance de la langue et à leur compréhension.
Elles sont sélectionnées parmi la bibliographie de 300 titres établie par le ministère de l'Éducation nationale, le fonds de romans des éditions Grasset Jeunesse et le fonds de bandes dessinées des Éditions Delcourt Jeunesse.

Devenir lecteur

On le sait depuis longtemps : il ne suffit pas d'avoir appris à lire pour devenir lecteur. Le goût et le plaisir de lire ne peuvent se développer qu'à partir de rencontres fréquentes avec les textes. Il convient donc, avant tout, de lire beaucoup.

Les adultes accompagneront les enfants sur le chemin de la lecture en lisant eux-mêmes des textes à haute voix et à travers des débats qui peuvent être très libres. Ils donneront ainsi aux enfants l'occasion de partager des émotions, d'éprouver leur liberté d'interprétation tout en les guidant dans leur compréhension.
Ainsi, ils les aideront peu à peu à tisser des réseaux de significations entre différentes œuvres.

La littérature à l'école

L'école s'est fixé deux objectifs majeurs pour le cycle 3 dans ses programmes [1].
L'un, qualitatif : « Le programme de littérature du cycle 3 vise à donner à chaque élève un répertoire de références appropriées à son âge. Il permet ainsi que se constitue une culture commune susceptible d'être partagée, y compris entre générations ».
L'autre, quantitatif : « Chaque année, deux classiques doivent être lus et au moins huit ouvrages appartenant à la littérature de jeunesse contemporaine ».

Il appartient aux éducateurs : enseignants, parents, médiateurs du livre, de relayer cette ambition.

Pascal Dupont
Formateur à l'IUFM Midi-Pyrénées

[1] *Qu'apprend-on à l'école élémentaire ?*, « Les nouveaux programmes », CNDP / XO éditions, 2002.

Charles Perrault

Les fées

Illustré par Stefany Devaux

Il était une fois une veuve qui avait deux filles ; l'aînée lui ressemblait si fort et d'humeur et de visage, que qui la voyait voyait sa mère. Elles étaient toutes deux si désagréables et si orgueilleuses qu'on ne pouvait vivre avec elles. La cadette, qui était le vrai portrait de son père pour la douceur et l'honnêteté, était avec cela une des plus belles filles qu'on eût su voir. Comme on aime naturellement son semblable, cette mère était folle de sa fille aînée, et en même temps avait une aversion effroyable pour la cadette. Elle la faisait manger à la cuisine et travailler sans cesse.

une veuve : une femme dont le mari est mort

si fort : tellement

l'humeur : le caractère

orgueilleux : qui a un sentiment de supériorité

la cadette : la plus jeune

l'honnêteté : la politesse, la bonté

une aversion effroyable : un dégoût terrible

Il fallait entre autres choses que cette pauvre enfant allât deux fois le jour puiser de l'eau à une grande demi-lieue du logis, et qu'elle en rapportât plein une grande cruche.
Un jour qu'elle était à cette fontaine, il vint à elle une pauvre femme qui la pria de lui donner à boire.
« Oui-da, ma bonne mère », dit cette belle fille ; et, rinçant aussitôt sa cruche, elle puisa de l'eau au plus bel endroit de la fontaine, et la lui présenta, soutenant toujours la cruche afin qu'elle bût plus aisément. La bonne femme, ayant bu, lui dit :
« Vous êtes si belle, si bonne et si honnête, que je ne puis m'empêcher de vous faire un don (car c'était une fée qui avait pris la forme d'une pauvre femme de village, pour voir jusqu'où irait l'honnêteté de cette jeune fille). Je vous donne pour don, poursuivit la fée, qu'à chaque parole que vous direz, il vous sortira de la bouche ou une fleur, ou une pierre précieuse. »

une grande demi-lieue : plus de deux kilomètres

oui-da : da est un ancien mot qui servait à renforcer l'affirmation

puiser : tirer de l'eau d'un puits

une cruche : un récipient muni d'une anse et d'un bec verseur

aisément : facilement

faire un don : offrir un avantage, un talent

un logis : une maison, une demeure

gronder : disputer

Lorsque cette belle fille arriva au logis, sa mère la gronda de revenir si tard de la fontaine.

« Je vous demande pardon, ma mère, dit cette pauvre fille, d'avoir tardé si longtemps » ; et, en disant ces mots, il lui sortit de la bouche deux roses, deux perles, et deux gros diamants.

« Que vois-je là ! dit sa mère tout étonnée ; je crois qu'il lui sort de la bouche des perles et des diamants. D'où vient cela, ma fille ? » (Ce fut là la première fois qu'elle l'appela sa fille.)

naïvement : avec confiance, sans se méfier

une infinité : une grande quantité

La pauvre enfant lui raconta naïvement tout ce qui lui était arrivé, non sans jeter une infinité de diamants.

être bien aise : être très content

« Vraiment, dit la mère, il faut que j'y envoie ma fille ; tenez, Fanchon, voyez ce qui sort de la bouche de votre sœur quand elle parle ; ne seriez-vous pas bien aise d'avoir le même don ? Vous n'avez qu'à aller puiser de l'eau à la fontaine, et quand une pauvre femme vous demandera à boire, lui en donner bien honnêtement.

honnêtement : poliment

– Il me ferait beau voir, répondit la brutale, aller à la fontaine.
– Je veux que vous y alliez, reprit la mère, et tout à l'heure. »
Elle y alla, mais toujours en grondant. Elle prit le plus beau flacon d'argent qui fût dans le logis. Elle ne fut pas plus tôt arrivée à la fontaine qu'elle vit sortir du bois une dame magnifiquement vêtue qui vint lui demander à boire : c'était la même fée qui avait apparu à sa sœur, mais qui avait pris l'air et les habits d'une princesse, pour voir jusqu'où irait la malhonnêteté de cette fille.
« Est-ce que je suis ici venue, lui dit cette brutale orgueilleuse, pour vous donner à boire ? Justement j'ai apporté un flacon d'argent tout exprès pour donner à boire à madame ! J'en suis d'avis, buvez à même si vous voulez.
– Vous n'êtes guère honnête, reprit la fée, sans se mettre en colère ; eh bien ! puisque vous êtes si peu obligeante, je vous donne pour don qu'à chaque parole que vous direz, il vous sortira de la bouche ou un serpent ou un crapaud. »

une brutale : une personne violente et grossière

tout à l'heure : tout de suite

en grondant : de mauvaise humeur, en grommelant

un flacon : une petite bouteille

la malhonnêteté : la méchanceté

boire à même : boire directement à la fontaine

obligeant : serviable

d'abord que : dès que, aussitôt que

en être la cause : en être responsable

se sauver : se réfugier

prochaine : toute proche, située à proximité

prier : demander avec insistance

conter : raconter

D'abord que sa mère l'aperçut, elle lui cria :
« Eh bien, ma fille !
– Eh bien, ma mère ! lui répondit la brutale, en jetant deux vipères, et deux crapauds.
– Ô Ciel ! s'écria la mère, que vois-je là ? C'est sa sœur qui en est la cause, elle me le paiera » ; et aussitôt elle courut pour la battre. La pauvre enfant s'enfuit, et alla se sauver dans la forêt prochaine.
Le fils du roi, qui revenait de la chasse, la rencontra, et la voyant si belle, lui demanda ce qu'elle faisait là toute seule et ce qu'elle avait à pleurer.
« Hélas ! monsieur, c'est ma mère qui m'a chassée du logis. »
Le fils du roi, qui vit sortir de sa bouche cinq ou six perles, et autant de diamants, la pria de lui dire d'où cela lui venait. Elle lui conta toute son aventure. Le fils du roi en devint amoureux, et considérant qu'un tel don valait mieux que tout ce qu'on pouvait donner en mariage à un autre, l'emmena au palais du roi son père, où il l'épousa.

Pour sa sœur, elle se fit tant haïr, que sa propre mère la chassa de chez elle ; et la malheureuse, après avoir bien couru sans trouver personne qui voulût la recevoir, alla mourir au coin d'un bois.

MORALITÉ

une pistole : une pièce d'or

Les diamants et les pistoles,
Peuvent beaucoup sur les esprits ;
Cependant les douces paroles
Ont encore plus de force, et sont d'un grand prix.

AUTRE MORALITÉ

des soins : des efforts

la complaisance : qualité d'une personne serviable

L'honnêteté coûte des soins
Et veut un peu de complaisance,
Mais tôt ou tard elle a sa récompense,
Et souvent dans le temps qu'on y pense le moins.

Catherine Ternaux

Une affaire de lunettes

Illustré par Serge Ceccarelli

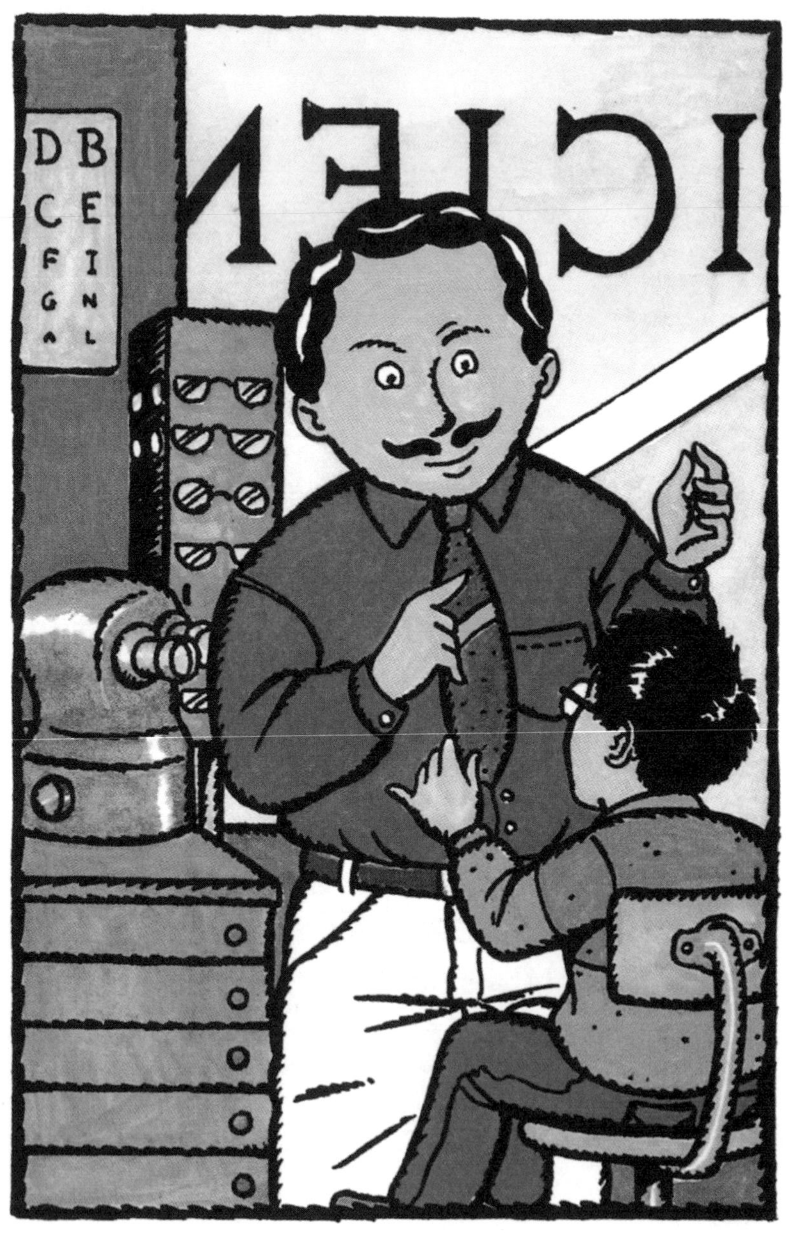
D B
C E
F I
G N
A L

Chapitre 1

Des moustaches sérieuses

– Voualà ! Ces lounettes te vont trrrrrès bien !

Je me regarde dans la glace. C'est vrai que ça me donne un genre, ces lounettes, pardon, ces lunettes ! je me sens, comment dire... plus vieux. Bientôt, je pourrai, comme mon père, fumer la pipe en lisant le journal dans un fauteuil.

un genre : un style, une manière de se comporter

– Tou sais, reprend Monsieur Pasimiro, l'opticien, avec son accent plein de soleil, c'est la dernière paire de lounettes qué yé fabrique, parce qué yé rétourne dans mon pays, au Pérou.

un opticien : un fabricant de lunettes

ce n'est pas la porte à côté : c'est très loin *(langage familier)*

fixer intensément : regarder avec beaucoup d'attention, scruter

Il fait un grand mouvement avec son bras. J'ai l'impression que le Pérou, ce n'est pas la porte à côté. Je lui demande :

– Vous allez faire des lunettes au Péru, pardon, au Pérou ?

Il éclate de rire.

– Ah non, là-bas, yé souis un grand sorcier !

Ses yeux se sont agrandis et me fixent intensément. Le problème, avec Monsieur Pasimiro, c'est qu'on ne sait pas s'il plaisante ou non : sa bouche et ses moustaches ont l'air de rigoler, mais ses yeux sont terriblement sérieux.

Il s'approche de moi.
– Il faudra prendre bien soin de tes lounettes, mon petit Youlien.
J'aime bien sa prononciation de Julien, j'ai l'impression d'être le prince d'un royaume où on vivrait sous des tentes dans le désert en compagnie des chevaux sauvages.

la prononciation : l'accent, la façon de dire les mots

– Ces lounettes sont spécialement faites pour regarder de près, précise l'opticien-sorcier avec un sourire au coin des lèvres, de très près…
Ce ne sont quand même pas des verres de microscope !
Il est étonnant ce Monsieur Pasimiro, il n'a pas voulu qu'on paye. Je trouve cela plutôt chouette. J'aimerais bien que le marchand de jouets prenne exemple sur lui.
– Mais il n'y a pas de raison ! a insisté ma mère.

un microscope : un appareil dont les verres permettent de voir des choses invisibles à l'œil nu

chouette : sympathique *(langage familier)*

– Si, si, c'est oune cadeau. Youlien a le même âge que mon fils, qui est au Pérou. Cela mé fait plaisir.
Monsieur Pasimiro nous a regardés partir. Je me suis retourné pour lui faire un signe, il avait un drôle d'air : sa moustache était sérieuse mais ses yeux rigolaient !
Allez y comprendre quelque chose.
En tout cas, je me sens fier avec ces lunettes.
J'ai l'impression que ma vie va changer.

un signe : un geste de la main

fier : heureux, satisfait

Chapitre 2

Les pieds dans les radis

Il ne faut pas jouer à la balle dans le salon, je sais ; mais je faisais juste un essai, lorsque ma superballe en caoutchouc a rebondi plus fort que prévu sur le buffet.

Ça a fait blong, puis ça a fait bling.

Et mes lunettes que j'ai posées sur le buffet… ! Ouf ! Elles sont intactes. Je me dépêche de les mettre sur mon nez.

Mais il y a bien eu ce blong et ce bling. Il ne reste plus qu'à examiner les dégâts : la balle a heurté un cadre de photo dont le verre s'est brisé. Voilà, j'ai « gagné », comme dirait ma mère.

être intact : ne pas être cassé

heurter : percuter, toucher violemment

le potager : l'endroit du jardin où l'on cultive les légumes

une salopette : un vêtement composé d'un pantalon et d'un haut à bretelles

les rides : les petits sillons qui se forment avec l'âge sur la peau

malicieux : coquin, taquin

Je relève le cadre. C'est une photo de mon grand-père Mathieu : on le voit, un râteau à la main et un chapeau de paille sur la tête, dans son potager. C'est vrai que je vois mieux depuis que je porte des lunettes. J'examine la salopette de Grand-Père, sa chemise à carreaux, son sourire, les rides de son visage, et je ne peux m'empêcher de fixer son regard malicieux. Pendant combien de temps, je ne sais pas. Soudain, j'ai l'impression que tout tourne autour de moi, ma tête est lourde et mon corps semble flotter. Je m'évanouis.

le semis : l'endroit où l'on a semé des graines

éberlué : stupéfait

– Mais qu'est-ce que tu fiches dans mon semis de radis, garnement ?
Je suis éberlué. Je n'ai pas vu Grand-Père depuis si longtemps. Comment ai-je atterri au milieu de son potager ?

Grand-Père, lui, n'est pas surpris, juste contrarié de me voir piétiner ses légumes.
– Grand-Père, mais tu es là !
Je me jette à son cou.
– Bien sûr mon petit, est-ce que tu crois que ça pousse tout seul les radis ?
– Mais, tu étais sur la photo et…
– Quelle photo ? Ah oui, la photo…
Grand-Père sourit maintenant, amusé. Il pose son râteau, et s'assied à côté de moi, en évitant soigneusement ses radis.
– Vois-tu, Julien, une photo, c'est comme une fenêtre : il y a beaucoup de choses derrière, toute une vie !

contrarié : mécontent

piétiner : écraser avec les pieds

effectivement : réellement

Je ne sais pas exactement où je suis mais, effectivement, il y fait bon, le soleil brille, les arbres sont en fleurs et les papillons volent autour de moi. Exactement comme lorsque j'allais en vacances à la campagne chez Grand-Père.

– C'est gentil d'être venu me dire bonjour, déclare Grand-Père, satisfait ; maintenant, il faut rentrer. La nuit va tomber très vite, et tu ne retrouverais pas ton chemin.

– Mais je ne sais même pas comment je suis arrivé là !

– Ne t'inquiète pas et ferme les yeux...

Là-dessus, Grand-Père m'embrasse sur le front, et, le temps d'ouvrir les yeux, je me retrouve dans le salon, près du buffet. Je serre le cadre dans mes mains.

être victime : subir les effets

une hallucination : croire que l'on voit quelque chose alors qu'il n'y a rien

Je suis content d'avoir revu Grand-Père, mais n'ai-je pas été victime d'une hallucination ?

Chapitre 3

Tu tiens bon, petit ?

se changer les idées : penser à autre chose

évidemment : bien sûr

des remarques : des réflexions

tomber sur : découvrir *(langage familier)*

hypnotisé : fasciné

Pour me changer les idées, je décide de lire le programme télé. En fait, je regarde surtout les photos. J'aime bien les découper et les coller dans un cahier. Il faut évidemment attendre que la semaine soit passée, sinon ces trous dans le programme vous valent des remarques désagréables.

Justement, je viens de tomber sur la photo d'un film que j'ai envie de garder : un cow-boy sur un cheval poursuivi par un Indien.

Déjà vu, me direz-vous. Eh bien, je ne sais pas pourquoi, mais je me sens hypnotisé. J'approche la photo de mes yeux, ou plutôt de mes lunettes, et je regarde attentivement l'Indien. Un drôle de bourdonnement résonne dans mes oreilles. Puis j'examine le cow-boy, son pantalon, son ceinturon, ses bottes à éperons. Le vertige me prend. Je suis comme happé par une spirale, je sens le vent siffler à mes oreilles, j'ai du mal à ouvrir les yeux.

– Tu tiens bon, petit ? me demande une voix inconnue.

Je suis très secoué et j'ai effectivement peur de tomber… de cheval !

Je m'accroche au cow-boy. Il ne sent pas très bon. Nous galopons dans une vallée encadrée d'énormes rochers, à toute allure, soulevant derrière nous un gros nuage de poussière.

– Attention ! crie-t-il, ça va barder !

Une flèche passe tout près de moi. Un Indien nous a presque rattrapés. Devant nous, un fleuve tumultueux nous barre la voie.

– Nous sommes fichus, s'exclame le cow-boy au désespoir.

des éperons : des pièces de métal fixées aux talons des bottes pour piquer les flancs des chevaux

le vertige : l'impression de tomber dans le vide

happé : saisi brusquement

une spirale : une ligne courbe qui tourne sur elle-même

à toute allure : à toute vitesse

ça va barder : la bagarre va commencer *(langage familier)*

tumultueux : aux flots agités et bouillonnants

barrer la voie : empêcher de passer

être fichu : être dans une très mauvaise situation *(langage familier)*

un mauvais quart d'heure : un mauvais moment

être scalpé : avoir le cuir chevelu arraché

Je suis bien de son avis : nous allons passer un mauvais quart d'heure ! Moi qui n'aime déjà pas aller chez le coiffeur, je ne suis pas sûr que je vais apprécier d'être scalpé.
Soudain, une grosse voix venue de nulle part résonne :

– Coupez ! Coupez ! Mais bon sang, que fait ce gamin sur le cheval ?
Nous stoppons net et, lorsque la poussière se dissipe, je vois les caméras autour de nous et un bonhomme en costume qui s'époumone dans un porte-voix.

se dissiper : disparaître

s'époumoner : crier de toutes ses forces

– Descends, petit, me chuchote le cow-boy. Le *Boss* n'a pas l'air content.

le Boss : le patron *(mot anglais)*

Puis s'adressant au *Boss* :

– Je croyais que c'était dans le scénario, moi : c'était même excellent !

– Excellent ? Ah oui, tiens, pourquoi pas ?

Le *Boss* se radoucit. Je lève la jambe pour descendre de cheval. Hélas, mon pied se prend dans l'étrier et je m'affale sur le sol... moins rude que je ne m'y attendais : je suis revenu à la maison, sur le tapis du salon !

s'affaler : se laisser tomber avec lourdeur

rude : dur

Ça commence à m'énerver ces hallucinations. Une idée me traverse l'esprit : est-ce que des lunettes fabriquées par un opticien-sorcier ne seraient pas un peu... spéciales ?

Chapitre 4

Dingues, dingues, dingues

ne pas rater une occasion : ne pas manquer de faire

se méfier : ne pas avoir confiance

ne pas broncher : ne pas réagir

Manon rentre en claquant la porte. Manon, c'est ma grande sœur, qui ne rate jamais une occasion de me rappeler que je suis son petit *frère*. Je me méfie toujours d'elle, mais là, je suis vraiment très excité.

– Manon ! C'est complètement fou ce qui m'arrive !

Manon ne bronche pas. Elle continue son chemin jusqu'à sa chambre, comme si je n'existais pas. Je cours derrière elle.

– Il faut que tu m'écoutes ! Tu vas voir, c'est incroyable !

Elle ne se retourne même pas. Elle s'allonge sur son lit, les yeux grands ouverts. Elle fixe sans bouger le poster de Patrice Cruel, le chanteur qui rend les filles dingues, dingues, dingues. J'insiste.

– Manon !...

Mais elle ne m'entend pas. Elle est dans un état second, l'état premier n'étant déjà pas très brillant. C'est alors que je comprends : il lui arrive la même chose qu'à moi ! À cet instant précis, ma sœur est aux côtés de la star et peut-être même qu'elle chante avec lui sous les acclamations de la foule. Je suis content pour elle, vraiment, et j'ai hâte qu'elle revienne me raconter.

Mais un détail cloche : ma sœur ne porte pas de lunettes.

Je réfléchis. Est-ce que ce qui m'arrive est vraiment une question de lunettes magiques ? Peut-être que tout le monde, à partir d'un certain âge, se balade dans les photos. Un peu comme la moustache qui se met à pousser, ou les filles qui commencent à se maquiller... C'est

dingue : fou *(langage familier)*

un état second : un état bizarre

les acclamations : les cris de joie

avoir hâte : être impatient

clocher : ne pas fonctionner normalement *(langage familier)* même sûrement ça ! Les parents ont juste oublié de me prévenir. Soudain, Manon pousse un cri :

– Qu'est-ce que tu fais là, Julien ? Tu m'espionnes ou quoi ?

– Ah, tu es revenue... Alors, raconte, c'était comment ?

– Qu'est-ce que tu dis ? Attends, j'enlève mon Walkman sinon j'entends rien du tout !

– Ah, c'est pour ça ! Mais...

J'hésite.

– Tu n'étais pas avec...

Je pointe le menton en direction du poster. Ma sœur s'esclaffe. Quelques postillons atteignent mon visage, mais je ne bouge pas.

– Patrice Cruel ? Mais tu es complètement maboul mon pauvre petit chou. C'est samedi le concert. Allez, va jouer ailleurs. Pas la peine de perdre mon temps à expliquer. Je claque la porte. De toute façon, ma sœur ne comprend jamais rien. Tant pis, c'est à Gabriel que je raconterai tout ça.

espionner : surveiller

un walkman : un baladeur

pointer le menton : montrer avec un signe de tête (menton en avant)

s'esclaffer : éclater de rire

des postillons : des gouttes de salive

maboul : fou *(langage familier)*

Chapitre 5

Les lunettes, c'est magique

– C'est impossible, déclare Gabriel, mon meilleur copain.
– Je sais, impossible mais vrai. Je regarde une photo et je suis dedans. Je crois que c'est à cause de mes lunettes…
– Fais voir.
Gabriel examine mes lunettes. Ça n'a pas l'air très compliqué des lunettes : juste deux morceaux de verre. Rien à voir avec un ordinateur par exemple. Mais c'est assez magique quand on y réfléchit.
– Attends, je vais chercher une photo !
Je prends un livre sur l'étagère de ma

examiner : regarder attentivement

chambre. C'est une encyclopédie illustrée que j'ai eue pour mon anniversaire. Un beau cadeau, très lourd. Je tourne les pages, une à une. Il y en a plus de trois cents, et Gabriel s'impatiente :

une encyclopédie : un ouvrage qui donne des informations sur un ensemble de sujets

– Alors ? Et pourquoi pas celle-là ?

C'est une photo de guerre, et ça ne me dit rien. Les types ont l'air méchant, et si ça se trouve, je n'aurai même pas d'arme pour me défendre. Prudence. Je referme le livre et là, sur la couverture, une photo me saute aux yeux. Façon de parler, bien sûr.

sauter aux yeux : attirer l'attention

– Regarde, celle-ci !

Gabriel s'approche, et nous regardons tous les deux à travers mes lunettes. Soudain, c'est un grand trou noir.

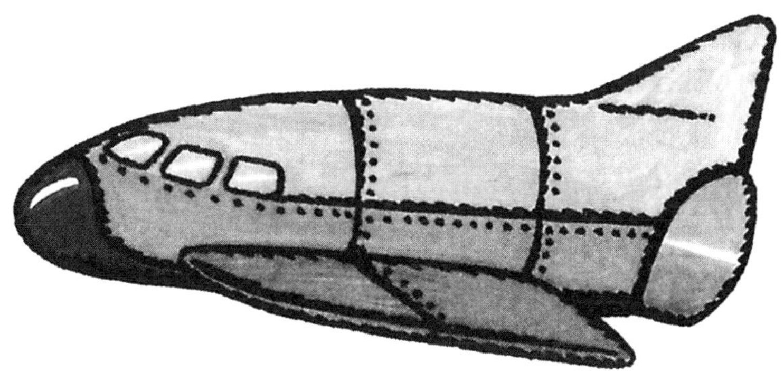

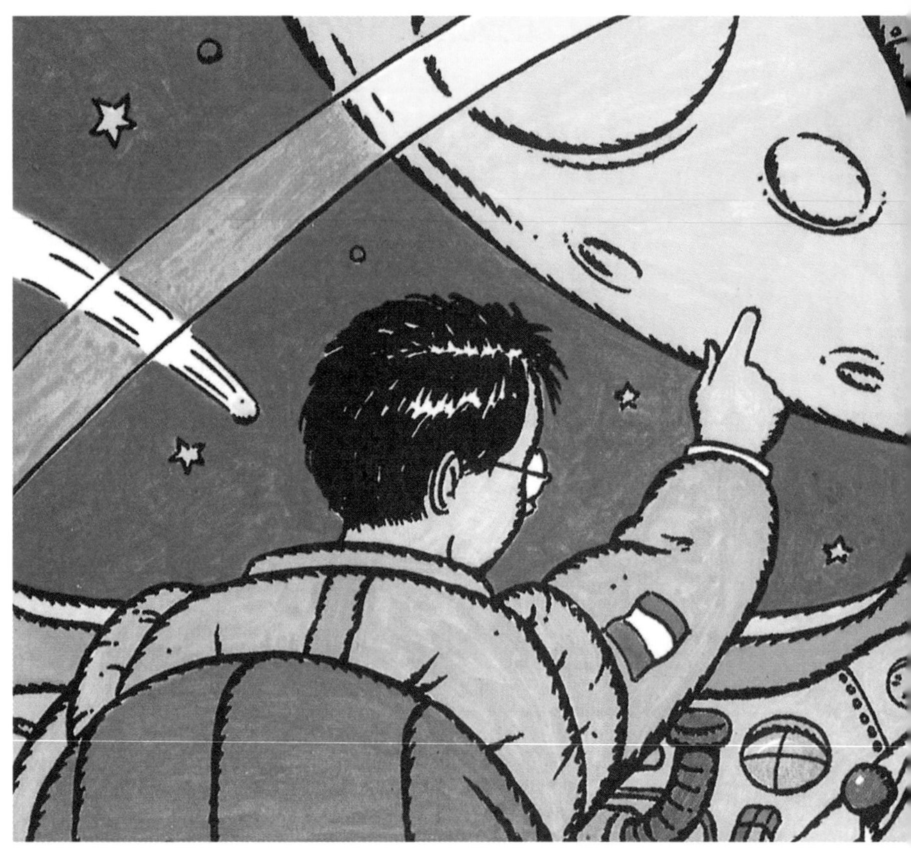

Vous ne devinerez jamais ce que je vois en ouvrant les yeux ! La Terre ! Oui, la Terre. Parce que je suis dans une fusée en direction de la Lune. Et je ne suis pas seul. Gabriel est avec moi aux commandes de l'engin. Ça c'est une bonne nouvelle !

– C'est la fusée de la photo ! balbutie-t-il, aussi ému que s'il conduisait la voiture de son père.
– Allô ! Allô ! dit une voix sortant d'un micro. Vol Affolo 13, m'entendez-vous ? Êtes-vous prêts à alunir ?
Je regarde sur un écran. La Lune est

balbutier : parler en articulant mal

ému : bouleversé

alunir : se poser sur la Lune

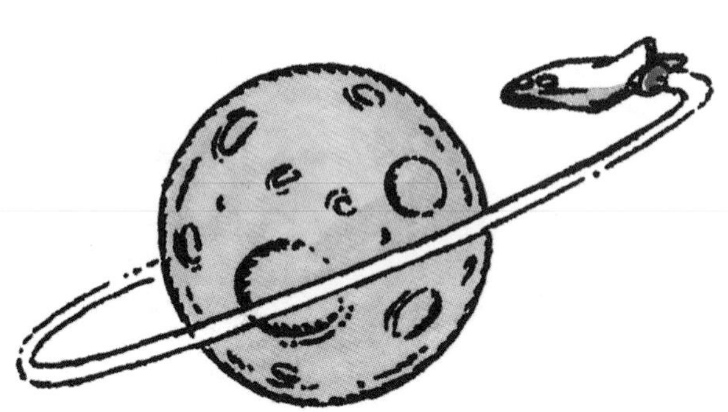

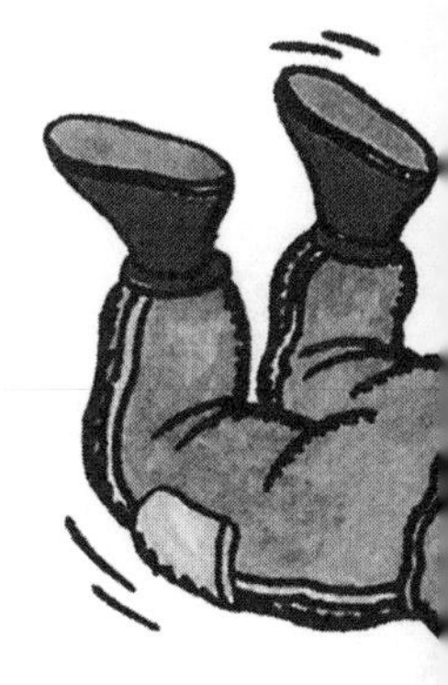

énorme et se rapproche de nous à toute vitesse.

– Allô, vol Affolo 13, effectuez immédiatement la manœuvre 27Y3213 sinon vous allez vous écraser !

– 27Y3213, il en a de bonnes ! fait Gabriel.

Tu parles d'un pilote !

– Poussez-vous, les gosses ! Bon sang, qu'est-ce que vous faites là ?

Deux astronautes ont surgi derrière nous et se précipitent sur les commandes.

Gabriel et moi sommes écartés sans ménagements, mais à cause de l'apesanteur, nous flottons comme des ballons un jour de fête. La fusée freine puissamment, et

en avoir de bonnes : exagérer *(langage familier)*

sans ménagements : brutalement

l'apesanteur : l'absence de poids quand l'attraction terrestre ne se fait plus sentir

j'ai envie de vomir. J'ai juste le temps d'attraper la main de Gabriel au moment où nous sommes projetés… contre la paroi de la cabine… ?

Quand nous rouvrons les yeux, nous sommes revenus dans ma chambre.

– Sensassss ! commente Gabriel. Je veux les mêmes.

Je le calme.

– Impossible, c'est un sorcier du Pérou qui me les a données.

Gabriel soupire. Je vois bien qu'il me croit à moitié, et même à un quart seulement. N'empêche, il doit reconnaître que ce n'est pas tous les jours qu'on manque de s'écraser sur la Lune !

sensassss : formidable *(langage familier)*

commenter : donner son avis

Chapitre 6

Une fille et une catastrophe

Les filles, en général, Gabriel et moi, on ne s'en occupe pas. Éloïse, c'est un cas à part, parce qu'elle est, comment dire… elle est super, et même plus que ça. Le problème, c'est qu'elle ne fait pas beaucoup attention à moi. Je suis sûr qu'avec mes lunettes, tout va changer.

– Si tu avais le choix, demandé-je à Éloïse le lendemain, tu voudrais aller où ? Elle réfléchit un moment en levant les yeux au ciel (elle a justement les yeux de la couleur du ciel) avant de répondre.
– Là !
Elle me montre une affiche du concert de Patrice Cruel. Je suis très déçu.
– Oh non, pas là !
– Mais enfin, tu me demandes, je te réponds.
Logique. Et je veux lui faire plaisir, oui ou non ? Je fais un gros effort.
– Bon, eh bien, je t'emmène voir Patrice Cruel quand tu veux !
– Oui, bien sûr ! fait Éloïse avec un sourire ironique. C'est un copain à toi ?
Je vois bien qu'elle ne me croit pas.
– De toute façon, ajoute-t-elle prudemment, je ne peux pas maintenant, j'ai mon cours de judo.
– Alors quand ?
– Demain soir, si tu veux. Je viendrai chez toi, lance-t-elle en s'éloignant.
Éloïse chez moi ! Youpi ! J'ai envie de

logique : normal

ironique : moqueur

sauter sur les murs. J'en ai tellement envie que je le fais. Éloïse me donne des ailes. Mais l'atterrissage n'est pas à la hauteur du décollage, et je me retrouve les fesses par terre, ou plutôt sur mes lunettes. Les deux verres cassés, c'est horrible ! Une véritable catastrophe !

donner des ailes : rendre léger, heureux

Je rentre ventre à terre à la maison.

– Que se passe-t-il ? s'écrie ma mère en me voyant affolé.

– J'ai cassé mes lunettes !

ventre à terre : en courant

dramatique : catastrophique, très grave

– C’est embêtant, mais pas dramatique.
– Mais maman, ce sont des verres spéciaux !
– Oui, je sais, c’est le principe de toutes les lunettes.
Elle est toujours très calme ma mère. Comment lui faire comprendre ?

– Je vois des choses… comme si j’y étais. Tu vois la photo de Grand-Père ? Eh bien, grâce à mes lunettes, j’étais avec lui et je le voyais planter ses radis.

Maman regarde la photo, très émue. J'ai peur d'avoir malencontreusement rappelé que c'est moi qui ai cassé le verre du cadre. Mais elle me prend dans ses bras et m'embrasse. Je sens ses joues chaudes. Elle me glisse à l'oreille :

– J'aime bien la façon dont tu vois les choses. Ne t'inquiète pas… On va les réparer, ces fameuses lunettes !

Chapitre 7

Ces lunettes ne fonctionnent pas

Le soir même, nous sommes devant le magasin de Monsieur Pasimiro. Mon cœur bondit de joie en voyant la vitrine éclairée. Il est peut-être encore là !
Hélas, ce n'est pas l'opticien-sorcier qui nous accueille. C'est un homme grand, sec et… sans moustache.

– Monsieur Pasimiro est parti au Pérou, annonce-t-il. Mais il m'a tout appris, je peux vous faire d'excellentes lunettes, soyez sans crainte.
Quand on sort, au bout d'une heure, j'ai de nouvelles lunettes sur le nez. À première vue, elles ressemblent comme deux gouttes d'eau aux autres. Après tout, toutes les lunettes sont peut-être magiques !
Je ne peux pas attendre. Je m'arrête à la devanture d'une librairie et je regarde la photo d'un bateau sur la couverture d'un livre.
Soudain, j'entends une mouette derrière moi, je me retourne : ce n'est qu'une porte qui grince. Je fixe le superbe voilier à m'en faire pleurer les yeux. J'ai brusquement l'impression d'être un marin, le sol bouge, j'entends la mer, un bateau de pirates est en vue. Il se rapproche. Les pirates ont l'air très féroce, bandeau sur l'œil, couteau entre les dents, visages couverts de cicatrices, des grognements de bêtes sortent de leurs

ressembler comme deux gouttes d'eau : être identique

la devanture : la vitrine

féroce : cruel, impitoyable

bouches tordues et baveuses. Ils abordent notre bateau ! La bataille commence…
– Encore en train de rêver, Julien ?
Ma mère est à côté de moi, dans la rue, devant la vitrine. Je ne suis donc pas parti ? J'en avais pourtant bien l'impression. Très étrange.
– Est-ce que je suis resté tout le temps sur le trottoir, maman ?
– Bien sûr, mon chéri. Tu regardais sans bouger les livres de la librairie, sage comme une image…
Je me doutais bien que ces nouvelles lunettes ne seraient pas magiques. C'est vrai, tout le monde ne peut pas être sorcier.

sage comme une image : très calme, immobile

Chapitre 8

Pas de magie, mais de la chance !

Je me moque de ne pas voyager dans les photos. Le drame, c'est que je ne pourrai pas emmener Éloïse voir son idole. Le ridicule me guette. Oh Éloïse, que vas-tu penser de moi ?

À la maison, je m'effondre sur le canapé, à côté de mon père qui lit tranquillement le journal. Les parents sont souvent inconscients des drames qui se jouent autour d'eux !

Ma mère, elle, est toujours très optimiste.

– Je suis sûre que tu vois Grand-Père avec

un drame : un événement très grave, une catastrophe

une idole : une vedette

être inconscient : ne pas se rendre compte

optimiste : qui voit les choses du bon côté

tes nouvelles lunettes, me dit-elle en me donnant le cadre.
Je soupire et regarde la photo. Pas de doute, c'est Grand-Père. Et je me rappelle plein de choses à son sujet. Par exemple, personne ne devait le déranger lorsqu'il faisait son potager, personne sauf moi, et il m'apprenait le nom des légumes qu'il plantait. Il me les faisait goûter sans les laver, ce qui horrifiait ma grand-mère ! J'ai même encore l'impression de sentir le goût du radis dans ma bouche, mêlé à celui de la terre…

horrifier : épouvanter

– Oui, j'ai répondu, je vois bien.
Là-dessus, ma sœur arrive, les yeux rouges, comme si elle avait pleuré. Elle jette furieusement sur la table deux petits bouts de papier et elle repart. Je regarde : je n'en crois pas mes yeux ! Ce sont des places pour aller au concert de Patrice Cruel !
– Patrice Cruel se marie, annonce ma mère. Ce n'est pas du goût de tout le monde : de Manon et de sa copine par exemple. Elles ne veulent plus en entendre parler !

ne pas être du goût : ne pas être apprécié

– Je veux bien y aller, moi !
Ma mère est surprise. Elle me regarde bizarrement. C'est vrai que je n'ai pas toujours fait l'éloge du chanteur. Alors je précise :

faire l'éloge : dire du bien, vanter les qualités

– C'est pour accompagner Éloïse…
Cette fois ma mère a un petit sourire en coin.
– Si on a de la chance, on pourra voir la star à la sortie.
Finalement, on peut tout aussi bien se débrouiller dans la vie sans lunettes magiques. Enfin, par sécurité, je vais quand même économiser sur mon argent de poche pour me payer un voyage au Pérou.

Isabelle Wilsdorf

Jojo et Paco jouent la samba

Le passage secret

une astuce :
un truc, une ruse

un feuilleton :
une histoire racontée en plusieurs épisodes

mon œil :
je ne te crois pas *(langage familier)*

des clous :
pas question *(langage familier)*

Les chevaliers

épargner :
laisser la vie sauve à quelqu'un

la glu :
une colle très forte

invincible :
qu'on ne peut pas battre

Poisson d'avril

discrètement :
sans se faire remarquer

un kaïd (ou caïd) :
un chef de bande *(langage familier)*

un zouave :
un idiot *(langage familier)*

un mioche :
un jeune enfant *(langage familier)*

le suspense :
le moment de l'histoire où l'on attend la fin avec impatience

La lecture

Allongé dans l'herbe, Jojo lit pendant que Paco fait des jongles.

des jongles :
des tours d'adresse

agile :
adroit et rapide

l'audace :
le courage face à un danger

Les planètes

le système solaire :
l'ensemble des planètes qui gravitent autour du soleil

se concentrer :
fixer son attention

le big-bang :
théorie selon laquelle une explosion aurait permis la création de l'univers il y a 15 milliards d'années

Les farces

des gribouillages :
des dessins réalisés n'importe comment

achever :
terminer

polluer :
salir

Le toboggan

craquer :
être abattu, déprimé *(langage familier)*

traiter :
dire des insultes *(langage familier)*

du vent :
des choses sans importance

Heureusement Papy-bouc n'est jamais bien loin.

un gaillard :
une personne solide et robuste

à fond les manettes :
à toute vitesse

ça va chauffer :
la bagarre va commencer *(langage familier)*

à tribord :
à droite *(vocabulaire maritime)*

Le riboni

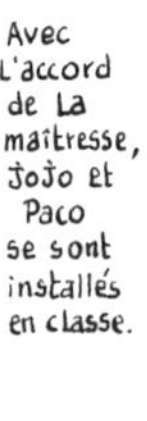

un extraterrestre :
un habitant d'une autre planète

Le Riboni est un vrai fou rire qui vient de très loin.

Pour cela il faut fermer les yeux.

Et ne plus penser à rien.

ALors on commence à rire...
Hi! Hi!
Hi! Hi!
Hi! Hi!

Ha! Ha!
Ha! Ha!
bravo!

Au son du Riboni, nos antennes Libèrent des bulles colorées et sucrées.
Trop drôle!

Notre planète vit grâce au Riboni qui nourrit toute la nature.
Il faut raconter ça aux copains.

Si vous voulez, je vous ramène dans mon super vaisseau.

Et c'est ainsi que nous sommes revenus.
C'est une blague!
Non, on a une preuve!

On a le secret du Riboni...

Et je vais vous le dire...

Quelle rigolade !!!
Ha! Ha! Ha!
Ha! Ha!
Ha! Ha!

Les petits crabes

une mission accomplie :
un travail terminé

un désastre :
un malheur, une catastrophe

une citadelle :
une forteresse qui domine la ville

Les cerises

un stand :
un étalage

un trafic :
un commerce interdit par la loi

un tour de passe-passe :
une tromperie

Le bouquet

une cueillette :
une récolte

biscornu :
étrange, bizarre

une flûte de Pan :
une flûte constituée de plusieurs tubes de roseau de longueurs différentes

marrant :
amusant *(langage familier)*

Théâtre pour rire

Georges Courteline

Le petit malade

Cami

L'appendicite

François Fontaine

À l'hôpital

Claudio Ponté

Histoire naturelle des maux

Le petit malade

PERSONNAGES
LE MÉDECIN
MADAME (la mère)
TOTO

LE MÉDECIN, *le chapeau à la main* – C'est ici, Madame, qu'il y a un petit malade ?

MADAME – C'est ici, Docteur ; entrez donc. Docteur, c'est pour mon petit garçon. Figurez-vous, ce pauvre mignon, je ne sais pas comment ça se fait, depuis ce matin tout le temps il tombe.

LE MÉDECIN – Il tombe !

MADAME – Tout le temps ; oui, Docteur.

LE MÉDECIN – Par terre ?

MADAME – Par terre.

étrange : bizarre, inhabituel

LE MÉDECIN – C'est étrange, cela. Quel âge a-t-il ?

quand le diable y serait : même si le diable y était pour quelque chose (événement considéré comme impossible)

MADAME – Quatre ans et demi.

trotter : marcher à petits pas

un bas : une longue chaussette très serrée qui remonte au-dessus du genou

une culotte : un pantalon qui s'arrête au-dessus des genoux

LE MÉDECIN – Quand le diable y serait, on tient sur ses jambes, à cet âge-là ! Et comment ça lui a-t-il pris ?

MADAME – Je n'y comprends rien, je vous dis. Il était très bien hier soir et il trottait comme un lapin à travers l'appartement. Ce matin, je vais pour le lever, comme j'ai l'habitude de faire. Je lui enfile ses bas, je lui passe sa culotte, et je le mets sur ses jambes. Pouf ! il tombe !

LE MÉDECIN – Un faux pas, peut-être.

faire un faux pas : trébucher

MADAME – Attendez !… Je me précipite ; je le relève… Pouf ! il tombe une seconde fois. Étonnée, je le relève encore… Pouf ! par terre ! et comme ça sept ou huit fois de suite. Bref, Docteur, je vous le répète, je ne sais pas comment ça se fait, depuis ce matin, tout le temps il tombe.

LE MÉDECIN – Voilà qui tient du merveilleux. Je puis voir le petit malade ?

MADAME – Sans doute.

Elle sort, puis reparaît tenant dans ses bras le gamin. Celui-ci arbore sur ses joues les couleurs d'une extravagante bonne santé. Il est vêtu d'un pantalon et d'une blouse lâche, empesée de confitures séchées.

arborer : montrer de façon évidente

lâche : qui n'est pas serré

empesé : rendu raide

LE MÉDECIN – Il est superbe, cet enfant-là !… Mettez-le à terre, je vous prie.

La mère obéit. L'enfant tombe.

LE MÉDECIN – Encore une fois, s'il vous plaît.

Même jeu que ci-dessus. L'enfant tombe…

MADAME – Encore.

Troisième mise sur pieds, immédiatement suivie de la chute du petit malade qui tombe tout le temps.

inouï : incroyable

du bobo : du mal *(langage enfantin)*

LE MÉDECIN, *rêveur* – C'est inouï. *(Au petit malade, que soutient sa mère sous les bras.)* Dis-moi, mon petit ami, tu as du bobo quelque part ?

TOTO – Non, Monsieur.

LE MÉDECIN – Cette nuit, tu as bien dormi ?

TOTO – Oui, Monsieur.

LE MÉDECIN – Et tu as de l'appétit, ce matin ? Mangerais-tu volontiers une petite sousoupe ?

TOTO – Oui, Monsieur.

LE MÉDECIN – Parfaitement. C'est de la paralysie.

la paralysie : l'immobilité des membres due à un accident ou à une maladie

MADAME – De la para !... Ah Dieu !

Elle lève les bras au ciel. L'enfant tombe.

LE MÉDECIN – Hélas ! oui, Madame. Paralysie complète des membres inférieurs. D'ailleurs, vous allez voir vous-même que les chairs du petit malade sont frappées d'insensibilité absolue. *(Tout en parlant, il s'est approché du gamin et il s'apprête à faire l'expérience indiquée, mais tout à coup...)* Ah çà, mais... ah çà, mais... ah çà, mais... *(Puis éclatant.)* Eh ! sacrédié, Madame, qu'est-ce que vous venez me chanter avec votre paralysie ?

les chairs : les muscles

absolu : complet

sacrédié : juron

chanter : raconter des mensonges

MADAME – Mais, Docteur…

LE MÉDECIN – Je le crois bien, tonnerre de Dieu, qu'il ne puisse tenir sur ses pieds… Vous lui avez mis les deux jambes dans la même jambe du pantalon !

L'appendicite

PERSONNAGES
LE DOCTEUR
LE MONSIEUR
L'APACHE
LE CHIRURGIEN DE SERVICE
LE PRÉSIDENT

un apache : un voyou *(mot d'argot)*

PREMIER ACTE

Chez le Docteur.

LE DOCTEUR – Il n'y a pas à s'y tromper : cher Monsieur, vous avez l'appendicite.

LE MONSIEUR, *s'effondrant* – Seigneur, ayez pitié de moi !

l'appendicite : inflammation de l'appendice, petit organe qui prolonge le gros intestin et que l'on enlève s'il devient douloureux

s'effondrer : être anéanti, désespéré

LE DOCTEUR – Inutile de vous désespérer. Une simple petite opération vous délivrera de tous soucis !... si, toutefois, c'est bien l'appendicite que vous avez !

LE MONSIEUR – Comment ! Vous n'en êtes pas plus sûr que ça ?

dame : mot ancien qui marque une explication

des suppositions : des hypothèses

LE DOCTEUR – Dame ! avant que le ventre soit ouvert, nous ne pouvons faire que des suppositions.

LE MONSIEUR – Et quand il est ouvert ?

LE DOCTEUR – Eh ! bien, quand il est ouvert, si ce n'est pas l'appendicite, l'opération est mortelle, mais si, par hasard, c'est bien cette maladie, oh ! alors, c'est la guérison assurée et le triomphe de la Science !

LE MONSIEUR – C'est merveilleux ! Quand faut-il me faire opérer ?

LE DOCTEUR – Mais, tout de suite. Vous allez vous rendre chez le célèbre chirurgien.

célèbre : très connu

LE MONSIEUR – Et ça me coûtera ?

LE DOCTEUR – Venant de ma part, presque rien : une dizaine de mille francs.

une dizaine de mille francs : environ 1 500 euros

LE MONSIEUR – Je vais de ce pas, frapper chez le célèbre chirurgien.

de ce pas : tout de suite

LE DOCTEUR, *spirituel* – C'est ça : frappez... et on vous ouvrira !

DEUXIÈME ACTE

désert : sans aucun passant

Une rue déserte.

LE MONSIEUR, *qui court chez le chirurgien, aperçoit un apache* – Pitié, Monsieur l'Apache ! Voici ma bourse !

se distraire : s'amuser

neurasthénique : dépressif, abattu moralement

L'APACHE – Pour qui me prenez-vous ? Je ne tue pas pour voler mais pour me distraire ! Je suis neurasthénique ! *(Il plonge son couteau dans le ventre du Monsieur.)*

TROISIÈME ACTE

À l'hôpital.

LE CHIRURGIEN DE SERVICE, *examinant le Monsieur* – Voilà qui est bizarre, par exemple ! Le couteau du bandit vous a tranché net l'appendice !

LE MONSIEUR, *joyeusement* – Ah ! le chic type ! Et moi qui allais débourser dix mille francs pour me faire extirper cette tripe !

trancher net : couper proprement

chic : sympathique *(langage familier)*

extirper : enlever

une tripe : un organe *(langage familier)*

QUATRIÈME ACTE

la cour d'assises : le tribunal qui juge les crimes

le verdict : le jugement

délibérer : examiner une affaire

acquitter : déclarer non coupable

pour exercice illégal de la médecine : pour pratiquer la médecine sans en avoir le droit

La cour d'assises.

LE PRÉSIDENT, *lisant le verdict à l'Apache* – Après avoir délibéré, la cour acquitte l'accusé pour sa tentative d'assassinat, mais le condamne à six mois d'emprisonnement pour exercice illégal de la médecine !

À l'hôpital

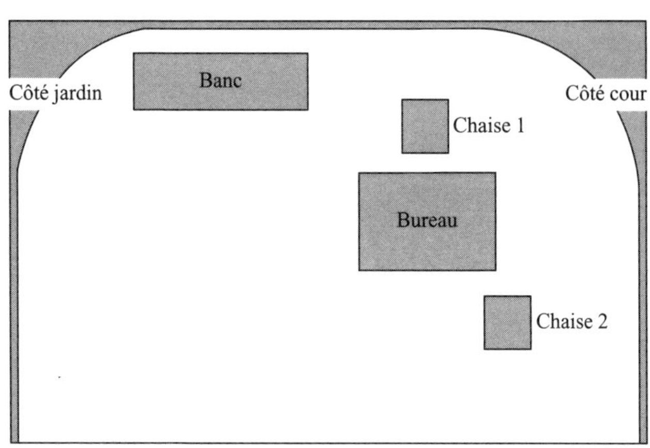

PERSONNAGES	MATÉRIEL
LE DOCTEUR	1 BUREAU
L'INFIRMIÈRE	2 CHAISES
LE BRÛLÉ	1 BANC (3 PLACES MINIMUM)
LE COUPÉ	2 BLOUSES BLANCHES
L'EMPOISONNÉ	1 TOQUE D'INFIRMIÈRE
LE CASSÉ	1 STÉTHOSCOPE (RÉEL OU NON)

une toque :
une coiffure ronde portée par les infirmières

un stéthoscope :
un appareil médical qui sert à entendre la respiration et le rythme cardiaque d'un malade

Au début de la scène, le docteur sera assis au bureau.

introduire : faire entrer

L'infirmière introduira chaque blessé par le côté cour et l'installera sur la chaise 2, face au public pour que le docteur l'examine et le soigne.

faire mine : faire semblant

Le docteur pourra alors prendre ou faire mine de prendre le matériel nécessaire sur le bureau.

L'infirmière quittera la scène côté cour pour aller chercher le patient suivant. Chaque blessé, une fois soigné, ira s'asseoir sur le banc.

côté cour : au théâtre, côté de la scène situé à droite pour les spectateurs

Le docteur quittera également la scène côté cour.

La scène se passe dans une salle de consultation d'hôpital.

la salle de consultation : la salle dans laquelle le médecin examine les malades

LE DOCTEUR (*à l'infirmière qui entre avec le brûlé*) – Qu'est-ce qu'il a celui-là ?

L'INFIRMIÈRE (*elle fait asseoir le patient*) – Il s'est brûlé.

le patient : le malade

LE DOCTEUR (*il examine le brûlé*) – Comment avez-vous fait pour vous brûler l'oreille ?

LE BRÛLÉ – J'étais en train de repasser, Docteur.

LE DOCTEUR (*sur un ton exagérément théâtral*) – Ah ! le fer à repasser ! Très dangereux quand on ne fait pas attention !

exagérément : beaucoup trop

LE BRÛLÉ – Oh ! je faisais attention, Docteur, mais…

LE DOCTEUR – Mais quoi ?

LE BRÛLÉ – Le téléphone a sonné.

LE DOCTEUR – Et alors ?

appliquer : coller contre

LE BRÛLÉ (*mimant le geste d'appliquer le fer à repasser sur son oreille*) – Alors voilà…

L'INFIRMIÈRE – Ah ! c'est malin ! (*Elle quitte la salle.)*

LE DOCTEUR – Bon, je vous mets de la pommade pour soigner votre brûlure. (*Il soigne le patient. Série de gestes : ouverture d'un tube, application de la pommade, fermeture du tube, etc.)*

une série : une suite

LE BRÛLÉ (*se relevant et allant s'asseoir sur le banc*) – Merci Docteur.

L'infirmière arrive avec le coupé qui se tient la main.

LE DOCTEUR – Et celui-là, qu'est-ce que c'est ?

L'INFIRMIÈRE (*aidant le patient à s'asseoir*) – Une grosse coupure, Docteur.

LE DOCTEUR (*il examine la main du patient*) – Ah çà, pour une coupure, c'est une coupure. Comment avez-vous fait ?

LE COUPÉ – Je sciais du bois, Docteur.

LE DOCTEUR (*sur un ton exagérément théâtral*) – Ah ! la scie ! Très dangereux quand on ne fait pas attention !

LE COUPÉ – Oh ! je faisais attention, Docteur, mais…

LE DOCTEUR – Mais quoi ?

mimer : imiter

LE COUPÉ (*il mime les mouvements d'une scie qui dérape*) – Mais la scie a glissé.

L'INFIRMIÈRE – Ah ! c'est malin ! (*Elle quitte la salle.*)

LE DOCTEUR – Bon, je vais vous recoudre ça. (*Série de gestes : enfiler du fil dans une aiguille, faire quelques points, couper le fil, etc.)*

LE COUPÉ (*se relevant et allant s'asseoir sur le banc*) – Merci Docteur.

L'infirmière entre avec l'empoisonné qui se tient le ventre et gémit.

gémir : pousser de petits cris faibles et plaintifs

LE DOCTEUR – Voilà autre chose. Qu'est-ce que c'est maintenant ?

L'INFIRMIÈRE (*aidant l'empoisonné à s'asseoir*) – Il s'est empoisonné, Docteur.

LE DOCTEUR (*examinant l'empoisonné*) – Je vois ça, vous avez la langue toute blanche. Qu'avez-vous avalé ?

L'EMPOISONNÉ – De la peinture, Docteur.

LE DOCTEUR (*sur un ton exagérément théâtral*) – Ah ! la peinture ! Très dangereux quand on ne fait pas attention !

L'EMPOISONNÉ – Oh ! je faisais attention, Docteur, mais…

LE DOCTEUR – Mais quoi ?

L'EMPOISONNÉ – La peinture était dans une bouteille et j'ai cru que c'était du lait.

L'INFIRMIÈRE – Ah ! c'est malin ! (*Elle quitte la salle.*)

LE DOCTEUR – Bon, je vais vous laver l'estomac. (*Série de gestes : faire basculer la tête du patient en arrière, lui ouvrir la bouche, enfiler un tube dedans, etc.)*

L'EMPOISONNÉ (*se relevant et allant s'asseoir sur le banc*) – Merci Docteur.

L'infirmière arrive en soutenant le « cassé » qui saute à cloche-pied.

à cloche-pied : sur un pied

LE DOCTEUR – Mais ça n'arrête pas aujourd'hui ! Qu'est-ce qu'il s'est fait celui-là ?

L'INFIRMIÈRE (*aidant le cassé à s'asseoir*) – Il s'est cassé la jambe, Docteur.

LE DOCTEUR (*examinant la jambe du patient*) – En effet, voilà une belle fracture. Comment vous êtes-vous débrouillé ?

une fracture : une cassure d'un os

LE CASSÉ – J'étais monté sur mon échelle, Docteur.

LE DOCTEUR (*sur un ton exagérément théâtral*) – Ah ! l'échelle ! Très dangereux quand on ne fait pas attention !

LE CASSÉ – Oh ! je faisais attention, Docteur, mais…

LE DOCTEUR – Mais quoi ?

LE CASSÉ – Un barreau a cassé.

L'INFIRMIÈRE – Ah ! c'est malin !

LE DOCTEUR – Bon, je vais chercher de quoi vous plâtrer ça.

Il sort par le côté de la scène. Dès qu'il a disparu on entend le hurlement de quelqu'un qui tombe de très haut. L'infirmière se précipite pour aller voir et revient aussitôt, complètement affolée.

un hurlement : un cri violent

L'INFIRMIÈRE – C'est horrible ! Le docteur est tombé dans la cage de l'ascenseur !

LE BRÛLÉ, LE COUPÉ, L'EMPOISONNÉ ET LE CASSÉ (*ensemble*) – Ah ! l'ascenseur ! Très dangereux quand on ne fait pas attention !

L'INFIRMIÈRE – Ah ! c'est malin !

Histoire naturelle des maux

PERSONNAGES

La Rougeole

La Varicelle

L'Oreillon droit

L'Oreillon gauche

L'Asthme

Le Rhume-Bronchite-Otite

L'Enfant

SCÈNE 1

La Rougeole entre.

LA ROUGEOLE – Vive le printemps ! Je vais semer des taches rouges sur tous les visages, les cous, les jambes, partout ! Je suis la rougeole et les enfants, j'en raffole !

la rougeole : une maladie contagieuse qui provoque des taches rouges sur la peau

semer : répandre

raffoler : adorer

les oreillons : une maladie contagieuse qui se manifeste par des douleurs dans les oreilles et à la gorge

L'Oreillon gauche puis l'Oreillon droit entrent.

L'OREILLON GAUCHE – Ah pardon ! Les oreilles des enfants c'est notre affaire, à mon frère et à moi.

L'OREILLON DROIT – Parfaitement, je dirais même plus : c'est notre affaire.

LA ROUGEOLE – Peuh ! Les Oreillons, vous n'êtes jamais contents !

L'OREILLON GAUCHE – Et toi, tu fais grogner les enfants, c'est pire !

L'OREILLON DROIT – Et je dirais même plus : tu fais grogner les enfants.

LA ROUGEOLE, *provocatrice, très star* – Je suis leur idole et je suis très contagieuse !

provocateur : agressif, qui pousse à réagir violemment

La Varicelle entre.

une idole : quelqu'un qu'on adore

LA VARICELLE – Peti... peti... Venez à moi les petits enfants !... Peti... peti...

contagieux : qui se transmet facilement

la varicelle : une maladie contagieuse qui provoque l'apparition de boutons qui démangent

L'OREILLON GAUCHE – Qui est cette folle ?

L'OREILLON DROIT – Qui est cette folle ?

LA VARICELLE – Je suis la varicelle, j'adore les enfants... peti... peti... grattez-vous !

LA ROUGEOLE, *méprisante* – Les enfants ne sont pas des poules, ma chère !

méprisant : qui témoigne du mépris, hautain

LA VARICELLE – Jalouse ! Les enfants m'adorent : je les chatouille et ils grattent avec plaisir mes boutons pleins de liquide.

LA ROUGEOLE, *méprisante* – Quelles vilaines cicatrices pour toujours !

une cicatrice : une marque restant sur la peau

LA VARICELLE – Je te rappelle qu'on se ressemble, très chère…

LA ROUGEOLE – Ah non, tes boutons sont dégoûtants !… J'aurais dû venir avec ma bonne amie La Rubéole.

la rubéole : une maladie contagieuse qui provoque des petites rougeurs sur la peau

Entre Le Rhume-Bronchite-Otite.

rhume-bronchite-otite : maladies provoquées par l'inflammation du nez, de la gorge et des oreilles

LE RHUME-BRONCHITE-OTITE, *pressé* – Je quitte à l'instant un foyer d'enfants. Que se passe-t-il ?… Ah oui, bonjour, je suis le champion à trois têtes : Rhume-Bronchite-Otite. Le nez, la gorge et les oreilles, c'est moi !

LES OREILLONS, *ensemble* – Ah pardon, c'est nous !

LE RHUME-BRONCHITE-OTITE – Bon, je suis pressé : où est l'école la plus proche ?

LA ROUGEOLE – Ah non ! L'école, c'est mon territoire.

L'OREILLON GAUCHE – C'est le nôtre aussi !

L'OREILLON DROIT – Je dirais même plus : c'est le nôtre aussi !

LA ROUGEOLE – Ah, vous ! les Oreillons, vous commencez à nous les gonfler.

à nous les gonfler : à nous fatiguer *(langage familier)*

LA VARICELLE – Et moi, et moi ? Vous m'enterrez trop vite ! Je règne sur les crèches et les garderies.
Peti... peti... grattez-vous le nez, et les bras, et le ventre.

une crèche : un établissement où l'on garde les bébés

L'Asthme entre.

l'asthme : une maladie des bronches qui provoque des crises pendant lesquelles on a du mal à respirer

L'ASTHME, *arrogant* – Bonjour, braves gens... Je suis la maladie de l'avenir : L'asthme ! Vivent la fumée, les poils et la poussière !

arrogant : qui montre une attitude hautaine et insolente

prétentieux : qui se croit supérieur aux autres

un raseur : une personne ennuyeuse *(langage familier)*

se délecter : prendre un très grand plaisir à faire quelque chose

LA ROUGEOLE, LE RHUME-BRONCHITE-OTITE, *et les autres, ensemble* – Quel prétentieux !… Pour qui tu te prends ?… Raseur !… Va-t'en !

L'ASTHME, *se délectant* – Ah ! ces cris… Ah ! les acclamations de la foule ! Merci !… Je vais étouffer la Terre, avant de conquérir tout l'univers !

SCÈNE 2

Un petit enfant entre, il joue au diabolo ou à autre chose…

le diabolo : un jeu qui consiste à faire sauter une bobine sur un fil tendu entre deux baguettes

LA VARICELLE, *attendrie* – Oh… un enfant !

L'OREILLON GAUCHE – Il est à moi !

L'OREILLON DROIT – Je dirais même plus : il…

L'OREILLON GAUCHE, *le coupant* – Je prends à gauche !

L'OREILLON DROIT – Et moi, à droite !

LA ROUGEOLE, *intervenant, aux Oreillons* – Lâchez-le, espèce de sauvages !… Viens, mon cher enfant, n'aie pas peur…

L'ASTHME, *retenant l'enfant, à La Rougeole* – Non, c'est ici, devant nous que tu dois le rendre malade.

LE RHUME-BRONCHITE-OTITE, *essayant de prendre de vitesse La Rougeole* – Moi, je suis pressé.

condesendant : avec un sentiment de supériorité

L'ASTHME, *condescendant* – Allez-y, j'ai tout mon temps…

LA ROUGEOLE, *résistant* – Moi aussi je suis pressé : j'ai des enfants qui m'attendent à l'école !

LE RHUME-BRONCHITE-OTITE, *à l'enfant* – Je vais te souffler dans la figure…

LA ROUGEOLE, *à l'enfant* – Je vais t'embrasser…

LA VARICELLE – Et moi, te chatouiller !

L'ENFANT, *fuyant* – Non !

Course poursuite générale... Toutes les maladies poursuivent l'enfant…

LA ROUGEOLE, *à l'enfant* – J'ai connu ta mère toute petite !

L'ENFANT, *vive répartie* – Elle me protégera car elle m'aime. Et je l'aime aussi !

une vive répartie : une réponse rapide

TOUTES LES MALADIES, *grimaçant de douleur* – Ah !… l'amour d'une mère !

LA VARICELLE – J'ai connu ton père bébé !

L'ENFANT – Il me protégera aussi !

TOUTES LES MALADIES, *même jeu douloureux* – Ah !…

L'ASTHME, *essoufflé* – Arrête de courir, morveux, j'ai un point de côté !

un morveux : un jeune prétentieux *(langage familier)*

Une à une les maladies se lassent et abandonnent.

LE RHUME-BRONCHITE-OTITE, *se sentant mal* – Il va me rendre malade !

LA VARICELLE, *fatiguée* – Petit diable, tu ne vaux pas un bouton !

un nigaud : une personne un peu bête et naïve

LA ROUGEOLE – Écoute-moi, nigaud, l'amour des parents ne peut rien contre nous !

être vacciné : s'être fait injecté un produit qui protège contre une maladie

L'ENFANT – C'est pas vrai ! Et en plus je suis vacciné, tralala lalère heu !

Il fait trois petits tours et puis s'en va.

Bruits et fureurs des « maladies » qui sortent.

Table

Si tu as aimé :

Tu aimeras aussi :

La Belle au bois dormant

De Charles Perrault

Illustré par John Collier

Éditions Grasset Jeunesse

C'est l'histoire d'une princesse plongée dans le sommeil pendant un siècle par la malédiction d'une fée et réveillée par le baiser d'un prince charmant.

Si tu as aimé :

Catherine Ternaux
Une affaire de lunettes
Illustré par Serge Ceccarelli

Tu aimeras aussi :

Un fabuleux chapeau

De Michèle Cornec-Utudji

Illustré par Léone Berchadsky

Éditions Grasset Jeunesse

Mimosa n'est pas une vieille dame comme les autres : elle possède un chapeau un peu spécial. Cela ne plaît pas à tout le monde... Un jour, le chapeau est emporté par une bourrasque ! Roméo, son petit voisin, décide de lui en racheter un. Mais où trouver un chapeau pareil ?

Si tu as aimé :

Tu retrouveras d'autres aventures de ce duo infernal dans 11 autres titres.

Jojo & Paco

Les farces de Jojo et Paco t'ont amusé ? Découvre les autres aventures de ce duo infernal. Mme Biscornue va en voir de toutes les couleurs...

12 tomes disponibles :
Jojo et Paco font la java
Jojo et Paco mettent la gomme
Jojo et Paco cassent la baraque
Jojo et Paco brouillent les pistes
Jojo et Paco tracent la route
Jojo et Paco ouvrent les vannes
Jojo et Paco tirent au but
Jojo et Paco chauffent la salle
Jojo et Paco roulent leur bosse
Jojo et Paco jouent la samba
Jojo et Paco s'amusent au manège
Jojo et Paco se régalent

Si tu as aimé :

Théâtre pour rire

Georges Courteline

Le petit malade

Cami

L'appendicite

François Fontaine

À l'hôpital

Claudio Ponté

Histoire naturelle des maux

Tu aimeras aussi :

Sept farces pour écoliers

De Pierre Gripari

Éditions Grasset Jeunesse

Des saynètes courtes, cocasses et hilarantes qui reflètent l'esprit taquin et savant de Pierre Gripari. Les sept farces sont : *La fausse gourde, Chien et bébé, Deux téléphones, La télé farceuse, Goulu et son âme, Cent ans de cuisine française et Le marchand de fessées.*

Achevé d'imprimer en Italie par L.E.G.O. S.p.A.
Dépôt légal juillet 2008
Collection n° 73 - Edition n° 05
11/6504/2